FIT FÜR DIE SCHULE

W0290760

Schreibschrift üben

Vereinfachte Ausgangsschrift

1. Klasse

Konzept und Text von Sabine Schwertführer
Illustrationen von Guido Wandrey
Coverillustration von Franziska Harvey

TESSLOFF

Vorwort

Liebe/r ______________________ ,

du möchtest die **Vereinfachte Ausgangsschrift** trainieren
und deine Feinmotorik verbessern?
Dann ist dieses Heft genau das Richtige für dich!

So arbeitest du mit diesem Heft:

→ Zunächst **spurst** du auf jeder Seite in den blauen Feldern den neuen Schreibschrift-Buchstaben **nach**, um die genaue Buchstabenform zu üben.

→ Anschließend übst du **das Schreiben** auf der Schreibzeile.

→ Danach werden die neuen Buchstaben **in ganzen Wörtern** verwendet.

→ In der Mitte des Heftes findest du ein lustiges **Abc-Poster**.
Hier kannst du jeden Buchstaben, den du geübt hast, noch einmal bunt nachspuren. Das Poster lässt sich aus dem Heft herausnehmen und aufhängen. So hast du deinen Lernerfolg auch weiterhin direkt vor Augen.

Jetzt bist du fit in der Vereinfachten Ausgangsschrift!

Viel Spaß und Erfolg!

1 Spure nach.

n n n n n n

m m m m m m

2 Schreibe.

n n

m m

3 Schreibe nach.

 Ampel

 Kuchen

 Ente

 Lampe

 Elefant

 Stern

 Kamel

 Turm

i *i* u *u*

1 Spure nach.

2 Schreibe.

i i

u u

3 Schreibe.

nun

um

im

in

1 Spure nach.

2 Schreibe.

A A

t t

3 Immer zwei Buchstaben gehören zusammen. Verbinde sie.

t u A
u n
i
m i m
t n A

O *O* o *o*

1 Spure nach.

2 Schreibe.

O O

o o

Otto

3 *O* oder *o*? Spure nach.

 *Ofen*

 *Ordner*

 *Sofa*

 *Auto*

 *Topf*

 *Dose*

1 Spure nach.

2 Schreibe.

a a

d d

am

da

3 Schreibe dreimal *und*.

 und 

l l e e

1 Spure nach.

2 Schreibe.

l l

lila

e e

3 Ergänze *ein* und *eine*.

1 Spure nach.

2 Schreibe.

b b

f f

3 Verbinde die Silben zu Tunwörtern. Schreibe sie dann in Schreibschrift auf.

ba – –den fal – –ben

lau – –fen lo – –len

S S s s

1 Spure nach.

2 Schreibe.

S S

s s

es

3 Schreibe.

 Sessel

 Sonne

7 sieben

1 Spure nach.

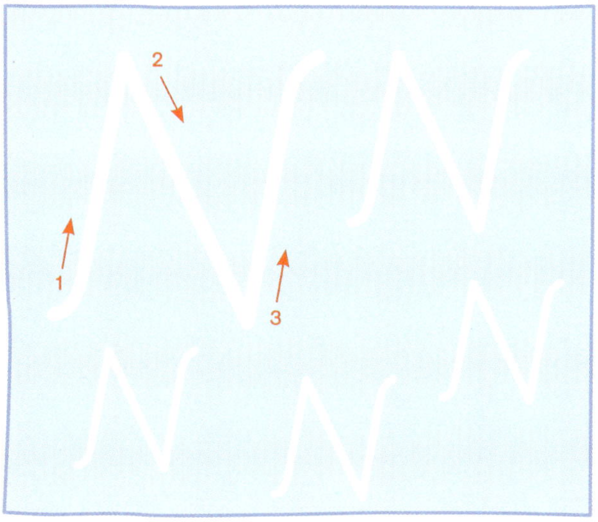

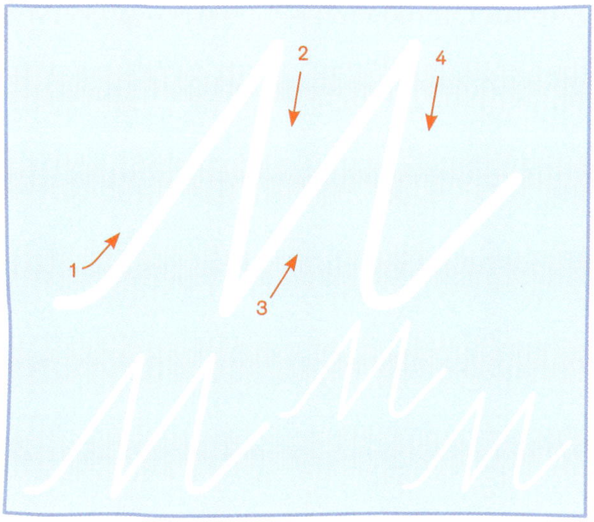

2 Schreibe.

N N

M M

3 Schreibe diese Wörter dreimal in Schreibschrift auf.

Nase

Maus

h h k k

1 Spure nach.

2 Schreibe.

h h

k k

3 Übertrage in Schreibschrift.

holen

helfen

kommen

kauen

1 Spure nach.

c c c c c c c c c c

g g g g g g g g g g

2 Schreibe.

c c

g g

3 Wie heißt das Gegenteil? Schreibe es dazu.

gut dunkel gesund dick

krank dünn

schlecht hell

sch *sch* p *p*

1 Spure nach.

2 Schreibe.

sch sch

p p

3 Schreibe diese Wörter dreimal in Schreibschrift auf.

Muschel

Ampel

1 Spure nach.

2 Schreibe.

E E

Ente

R R

Ring

3 Schreibe diese Wörter in Schreibschrift auf.

Rutsche

Esel

Meine Buchstaben

Aa

Bb

Cc

Dd

Ee

Ff

Gg
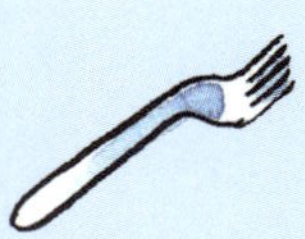

Hh

Ii

Jj
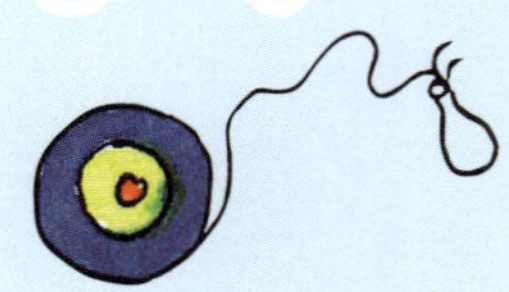

Kk

Ll

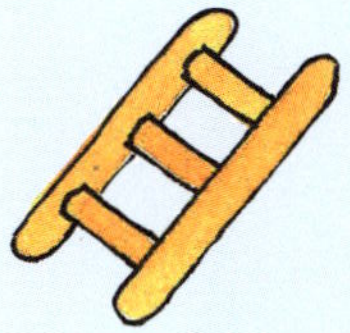

Mm m

Nn

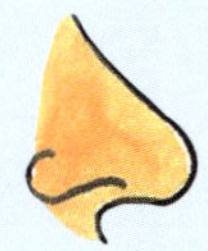

Oo

Pp

Qu qu

Rr

Ss

Tt

Uu

Vv

Ww

Xx

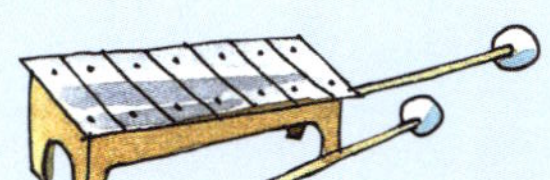

Yy

Zz

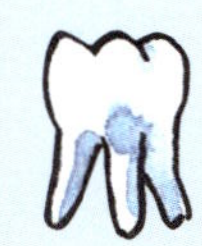

T T F F

1 Spure nach.

2 Schreibe.

3 Übertrage in Schreibschrift.

Tina tauscht tolle Tomaten.

Finn fischt fünf fette Fische.

1 Spure nach.

2 Schreibe.

C C

G G

3 Schreibe diese Wörter in Schreibschrift auf.

Clown

Glas

Cent

Gabel

K K H H

1 Spure nach.

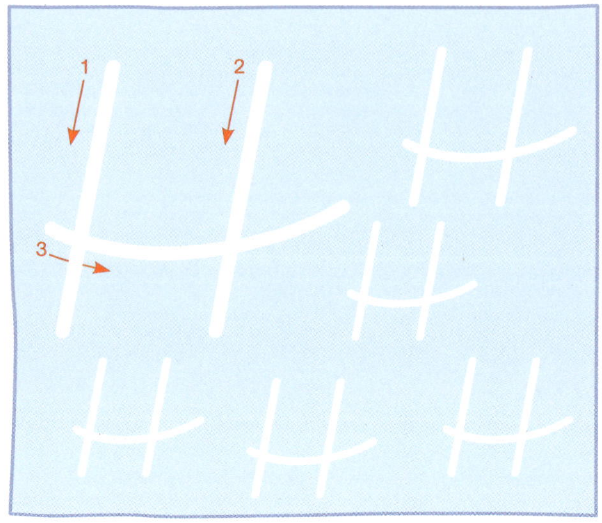

2 Schreibe.

K K

H H

3 Schreibe.

 Kuh

 Hund

 Kleid

 Hase

1 Spure nach.

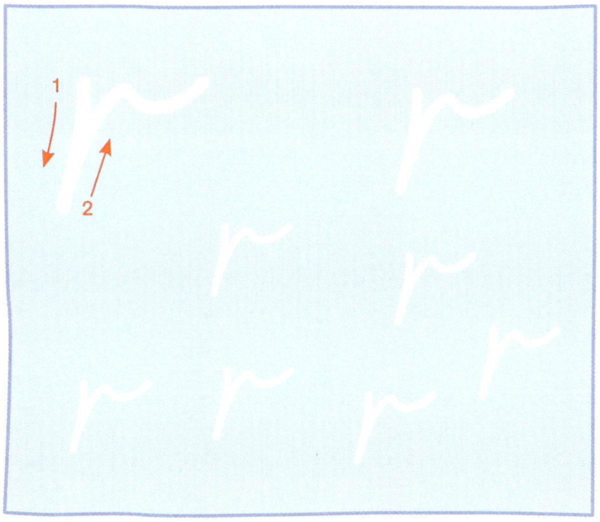

2 Schreibe.

r r

ß ß

3 Welches Wort passt? Schreibe es neben das Bild.

heiß süß grün rot

1 Spure nach.

2 Schreibe.

v v

w w

3 Trenne die Wörter mit Strichen. Schreibe sie in Schreibschrift auf.

viel

1 Spure nach.

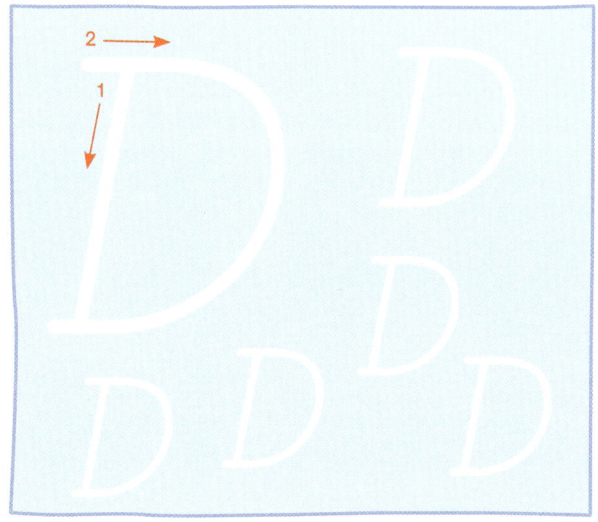

2 Schreibe.

L *L*

D *D*

3 Übertrage in Schreibschrift.

Drei dicke Dinos baden im Dreck.

Lustige Löwen lieben laute Lieder.

P *P* B *B*

1 Spure nach.

2 1 P P P P P P

2 1 B B B B B B

2 Schreibe.

P P

Puppe

B B

Blume

3 Schreibe den Satz mit den Bildwörtern richtig auf.

Der  liegt unter der .

Pirat Palme

1 Spure nach.

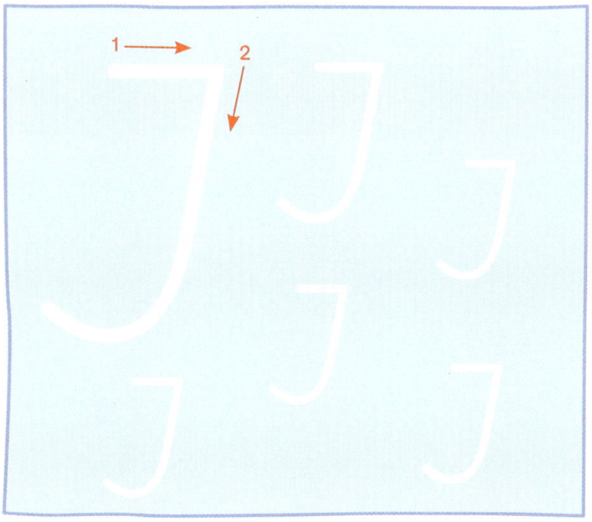

2 Schreibe.

U U

J J

3 Übertrage in Schreibschrift.

Igel

Uhr

Indianer

Uhu

V *V* W *W*

1 Spure nach.

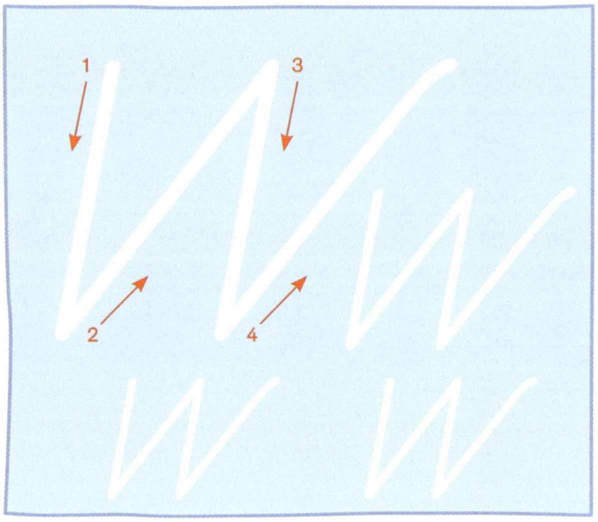

2 Schreibe.

V V

W W

3 Schreibe diese Wörter dreimal in Schreibschrift auf.

Wal

Vogel

Vater

1 Spure nach.

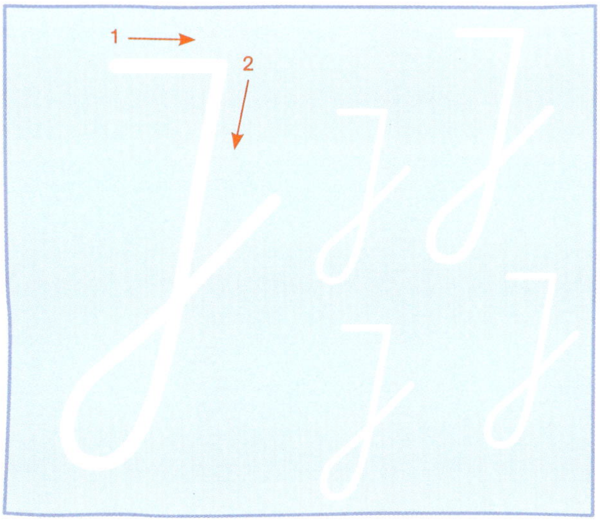

2 Schreibe.

J J

Junge

j j

ja

3 Übertrage in Schreibschrift.

Jan und Jakob fahren Kajak.

Qu Qu qu qu

1 Spure nach.

Qu Qu Qu Qu

qu qu qu qu

2 Schreibe.

Qu Qu

Quark

qu qu

3 Übertrage den Quatsch-Satz in Schreibschrift.

Die quengelige Qualle quiekt im Quark.

1 Spure nach.

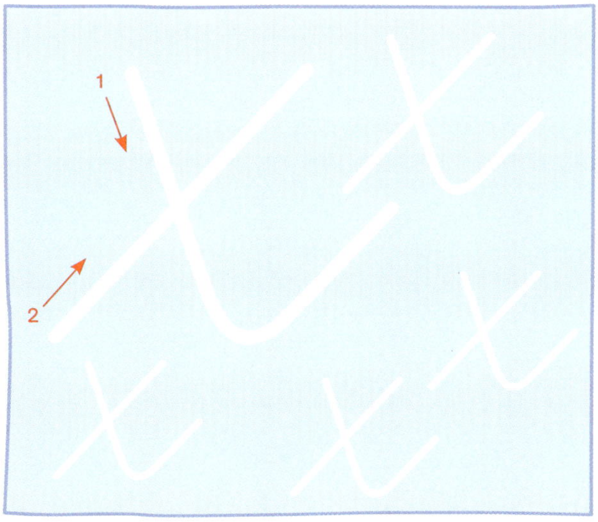

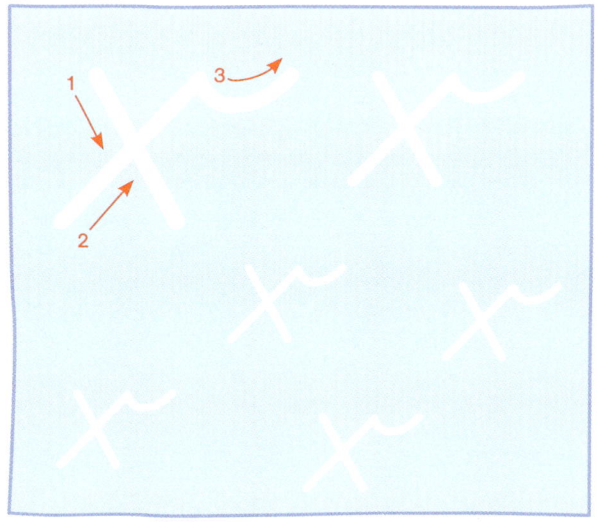

2 Schreibe.

3 Übertrage in Schreibschrift.

Hexe

Taxi

Nixe

Boxer

Y Y y y

1 Spure nach.

2 Schreibe.

Y Y

y y

3 Übertrage in Schreibschrift.

Xylofon

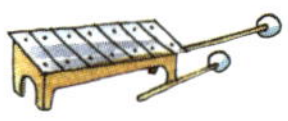

Pony

Teddy

Yak

1 Spure nach.

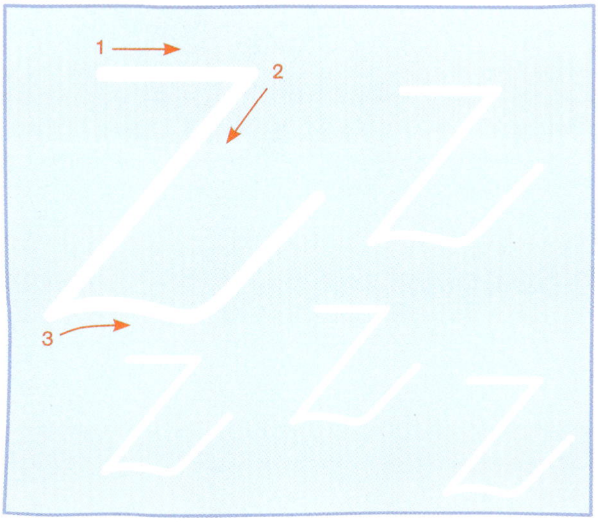

2 Schreibe.

Z Z

 Ziege

z z

 zehn

3 Übertrage in Schreibschrift.

Zehn zahme Zebras sitzen im Zoo.

Die verrückte Tierparty

Affe, **B**är, **C**hamäleon –
siehst du es? Die feiern schon!
Dackel, **E**sel und **F**asan
kommen etwas später an.

Giraffe, **H**ahn und auch der **I**gel
betrachten sich noch schnell im Spiegel.
Jaguar, **K**amel und **L**öwe
warten draußen auf die **M**öwe.

Nashorn, **O**tter, **P**apagei
stürmen 'rein mit viel Geschrei.
Die **Q**ualle fragt die **R**ingelnatter:
Was ist denn das für ein Geschnatter?

Seepferdchen und **T**rampeltier
spielen schön auf dem Klavier.
Der **U**hu und der **V**ogel Strauß
toben durch das ganze Haus.

Nur der arme, alte **W**al
leidet ach so große Qual:
Suchte lang ein Tier mit **X**,
fand nur leider bisher nix!

Was machen **Y**ak und **Z**itteraal?
Die tanzen Tango durch den Saal!
Erst Mitternacht ist Ruh' im Haus.
Gedicht und Party sind nun aus.